MUSGO Y DIENTES

MARINA SERRANO

Aliarediciones

Corrección: Eladia Guerrero
Diseño de cubierta: Marina Serrano
Maquetación: Aliar Ediciones

Depósito Legal: GR 982-2025
ISBN: 979-13-87823-55-9

Impreso en España

Edita
ALIAR Ediciones
www.aliarediciones.es
info@aliarediciones.es

MUSGO Y DIENTES

MARINA SERRANO

1er Premio
Certamen de Poesía
Aliar, 2024

El polen esparcido por la abeja
tiene misión de vida.
Yo sé que al apagarte
prendiste en otros cuerpos
fulgores de tu propia llama,
como un insecto dulce
que en el cáliz
de una flor
abriéndose
se posara dejando
un resplandor de luz enamorada.

Ángeles Mora

PRÓLOGO

El pájaro y el abismo

Por Mónica Picorel

El pájaro es un accidente para el abismo. Esta imagen viene a mí tras la lectura de *Musgo y dientes* de Marina Serrano. Pájaro y abismo, en sus diversas formas, son una constante en el imaginario de la autora, muy especialmente en este libro. La tensión entre el vuelo y el vacío conforma el genuino esqueleto de *Musgo y dientes*. Serrano nos conduce por este esqueleto que se solidifica y se muestra a medida que la lectura avanza. Hay extrañeza, dolor y rabia; y hay, finalmente, una cierta aceptación de lo irremediable: ahí la constatación de la belleza, manifestada ante la honestidad de lo efímero, lo trágico de la existencia.

La belleza es rotunda en lo que es y no será, en lo que nos es dado y tarde o temprano se nos arrebata:

Una cría de pájaro
se precipita hacia el vacío.
Después de unos segundos,
las hormigas comienzan su peregrinaje.

Serrano canta a la muerte y canta con la muerte. Así dignifica la vida que se pierde ante sus ojos, solo así puede asumir su presencia, mantenerse como sujeto activo, acompañarla, ir más allá del puro desaliento, más allá de la pérdida. Solo entonces el pájaro supera el abismo, aunque el vuelo quede interrumpido para siempre: así se muestra la luz que hay en el propio abismo.

—Los rostros llegan—.
Mi pájaro yace en el frío:
postura fetal,
plumas y pico reverdecen.

Sin cuerpo,
me desciendes,
como lava
recién parida.

Los sesenta poemas de *Musgo y dientes* son un canto a la plenitud desde el desgarro y la certeza de la pérdida. Es un libro en apariencia difícil de recorrer, son extensas las sombras que parecen convocarlo, y, sin embargo, es un libro luminoso y sereno. Serrano consigue hacernos cómplices y sujetos activos de un sufrimiento reposado pero vivo, por momentos visceral, aunque convenientemente atemperado. Convierte en luz lo que está destinado a las sombras para que la vida nutra el cuerpo-dolor, permita a este congraciarse con su vacío sin olvidar que el pájaro es pájaro y el abismo es abismo pero que ambos pueden (y deben) convivir en armonía. El pájaro es un accidente hermosísimo para el abismo, la autora lo sabe bien:

Todo cuanto pasó
bajo sus dientes
se desprende como un capullo de seda.
Y en esa belleza fugaz,
las cosas aún persisten:
como el destello
que la mariposa vislumbra
por última vez,
o el plato
que un día ocupó
su lugar sobre la mesa.

La oscuridad, como la luz, devienen en una misma cosa. De la conciencia de oscuridad surgirá la luz, no del deseo de esta, sino de la interiorización de las sombras. Desde el pulso mantenido con la oscuridad, con el abismo, la autora comprende que la no resistencia, la permeabilidad ante el dolor, dará lugar a una nueva existencia. En palabras de Jon Fosse: *… y veo que la luz no es luz / que la oscuridad no es oscuridad / me sosiego al ver / que la luz y la oscuridad no existen…*

Adentrarse en *Musgo y dientes* es reconocerse en la oscuridad del otro. Marina Serrano nos deja con los pies en el abismo, sabiendo que no es posible descender poco a poco. A medida que el poema se hace nuestro, el pájaro, que siempre ha permanecido atento, prepara las alas para el vuelo. La autora es depositaria de este vuelo: sabemos que antes lo fue del abismo.

Así es como aprendí
a reconocer tu sombra:
intermitencia de aquello
que no desea ser habitable.

Como me enseñó a olvidar mi abuela,
con la misma hebra del linaje.
Juntas lo hendimos
hacia los extremos de la herida
y estiramos, a la vez,
hasta girarnos la luna
con los ojos.

MUSGO Y DIENTES

A mi padre,
por seguir sosteniendo mi mano en este viaje infinito.

A mis hijos,
por prender con su luz cada rincón oscuro de mi infancia.

I. EL DESPRENDIMIENTO DEL PÁJARO

La cría respira en el margen. No del poema, sino de una lengua espesa que se arrastra por la habitación. Intuye la mirada más allá de las velas. No hay rostro. Solo el calor de unos ojos sin cuerpo. Como si la sombra, al fin, se hubiera desnudado de la cicatriz que un avión frunce en el cielo. En silencio, el liquen avanza. Bajo la piel, su frágil dorso desciende. Así: su pico en mi pecho.

Prólogo nocturno

Más allá del lomo erizado de la noche,
las hojas aúllan en morse
destellos de un lenguaje antiguo.

¿Acaso eres tú
girando el estenopo de su vientre?

Una cría de pájaro
se precipita hacia el vacío.
Después de unos segundos,
las hormigas comienzan su peregrinaje.

Ascienden,
trazando una lágrima negra
desde el cuello hasta su pico.

Como el prólogo nocturno
que antecede con su ceniza
al frío tacto de la carne.

Infancia

Mi abuela anuda el hilo
en el diente de leche,
lo tensa y enrolla
con el pomo de la puerta.

Mi abuela dice que cierre los ojos
y abra la boca.
Lo dice
con los ojos bien abiertos
y la boca bien cerrada
porque ya no le quedan más dientes
para seguir mordiendo.

Mi abuela me limpia la sangre
mientras deja caer
la pequeña bala blanquecina
en su tarro de cristal
—el portazo aún resuena
en la habitación sin muebles—
y ella sonríe, con los ojos bien cerrados,
como si nunca este polvo se guareciese
de la profundidad de su boca.

Qué hay dentro

La niña piensa:
qué hay dentro de un padre que se muere.
Es verano.
El manillar le queda alto,
los pies no alcanzan el suelo.

Mientras los caracoles avanzan
por el techo,
una danza de luciérnagas
le arde bajo los párpados.

Él sonríe,
como un desierto impasible.

La ciudad,
salobre,
deshace los huesos
sin que nadie lo note.

Ella pedalea.
Y no sabe si avanza o repite
el mismo metro de calle
como un rezo.

Aprendió:
que la estrella ya no existe
aunque su luz
atraviese el universo,
como ahora, en estos ojos,
tan llenos de nieve.

Y le sonríe, también.

Porque ella sí
se pregunta
qué hay dentro de un padre que se muere,
aunque sea otra vez verano
y el suelo siga cediendo
bajo sus pies.

Ignífuga

Cuando el tejido despintado
que circunda las rodillas
sea invocación eterna,
encuentro marchitado,
y tu ropa deje de oler
a húmedo y a viejo,
quizá podrás verme,
estirando el atardecer como tu piel,
en busca del afilado esqueleto
bajo tu manta de cuadros.

No temas, tan solo es el chillido
de un vencejo hembra
que se ha malherido
con un pedazo de cielo.

O tal vez soy yo,
la niña que corre hacia ti,
como si el fotograma
de la super-8
hubiese dejado de temblar
y de arder.

O como si este orificio,
por donde desaparece la luz,
no me tragase
hacia el epicentro de tus labios.

De noche

Siempre será de noche,
porque su respiración era pausada
como el vientre
de un gorrión enfermo.

Alguna de nosotras lo comprobaba
insistentemente:
su frágil dedo
hacia el tensiómetro.
La misma ciénaga,
bajo los dedos de los pies.

Siempre será de noche,
porque vimos parpadear
las estrellas entre sus costillas.

Más allá de la ventana,
el asfalto arde.

¿Lo oyes?

Son los niños
corriendo hacia la orilla;
se ríen
como si estos ojos
no fueran a quedarse
ya fijos.

Haikus para el presagio

I.
Cierra los ojos.
Imagina un bosque
que se abre despacio.

II.
Dame tu mano.
La bruma nos sostiene
en su manto gris.

III.
Acariciemos
este caballo quieto
que ofrece su sien.

IV.
Espera aquí:
donde ya no hay vuelta
ni despedida.

V.
No mires atrás.
Sabré volver a casa.
Sabrás cómo ir.

Musgo

Esto es la boca que hubo,
esto los besos.
Ahora solo tierra: tierra
entre la boca quieta.

María Mercedes Carranza

Sé que te visitan los pájaros
por cómo tiemblan tus párpados de frío,
nieve derretida en la grieta
de la roca,
musgo que circunda
un cuerpo recostado.

Y ese olor:
de agua estancada,
de tierra humedecida,
de padre que se rompe
aquí adentro.

La selva recreciéndote
salvaje,
lengua endurecida
sin más equilibrio
que la vida descolgada:
musgo sobre los dientes,
grieta por donde te adentras
como la nieve líquida.

El bosque

¿Quién pintó de amarillo
el blanco de tus ojos,
extendiendo tus venas
al susurro del viento?

¿Quién menguó tu cuerpo
a la más diminuta semilla,
trasplantándote
sin voz ni permiso?

No cesaré hasta encontrarte.
Despojaré este maldito bosque
de cada raíz.

Sibila oquedad

Transcurre la existencia
(murmullo familiar)
de quien ya estaba aquí
cuando nacimos.

Asciendo bajo su piel,
—descifro su reverso—
y entiendo
cómo nuestras existencias
comienzan a ser incompatibles.

Su mirada
se acerca más y más
al sol encorvado.
¿Volveremos a encontrarnos
a través de la leche?

¿Hacia dónde van
la masa y el espacio,
el tiempo que se fragmenta
lejos de su matriz?

Siento
la cremallera ascender,
un hiperboloide de lágrima
cae sobre sus dedos.
Piel exacta, implacable,
como un reloj.

Dime,
¿por qué sonreíste
como si fueras a volver?

Alumbramiento

No os aferréis al esqueleto,
cerrad la compuerta:
no hay tiempo para morir
ni útero que no se alumbre
en el proceso.

Tal día como hoy,
caminé en busca de poemas
y epitafios,
de lejanas y borrosas fechas.
Pronuncié cada uno de sus nombres,
con el cuerpo combustionado
hacia los surcos grises del cielo.

En silencio,
los ángeles oraron
desde la piedra serena,
replegando con sus alas
la zarza en placenta:
cauce
al que siempre regresamos,
con el corazón abocado
al chasquido del fósforo.

Nenúfares

Este poema me introduce en los labios
de todas las mujeres que una vez
me parieron: desciende,
bajo la blanda arena,
como un gusano, desaparece.

Sobre los ojos del muerto es cálida yema,
vieja sangre en el diente;
orificio por donde resurges
como el verso
que una y otra vez se desprende.

Este poema nunca empieza,
me lleva siempre
hacia la misma estrofa:
nenúfares que flotan
sobre mi vientre,
como los ojos de mi padre
antes de morir.

Un blanco océano

Serena luz
a los pies de un álamo,
brotaste como la simiente.

A lo lejos,
las lobas aúllan,
elevando la mandíbula
hacia el brocal de la noche.

Ven,
desciende con tu lumbre,
esparce sobre mi boca
las cenizas.

Ahora
que mis senos albergan
un blanco océano,
deja que se nutran
las aves que te precedieron:
porque tú también germinaste
en la misma herida,
porque yo también seré
bajo el rocío de la tierra.

Arcano líquido

El vórtice traza su línea:
manos nodrizas
acunan muertos con el vientre,
parpadean en su lomo,
como la luz imposible
de los faros abandonados.

¿Su destino?:
arcano líquido,
allá donde las algas moldean
sus piernas de terracota.

Cuello enroscado en cordón
hacia el tacto primigenio,
—el cuerpo diminuto desciende—
dilatada acuarela,
leche materna,
manos pequeñitas se aferran
a la vulva acuosa.

A lo lejos,
las gaviotas traducen
el llanto cítrico del cielo.

A lo lejos,
su cuerpo encallado
parpadea sobre jardines
fangosos.

Y se deshace.

El nido del cuervo

Hay una raíz minúscula,
un pedacito de ti
que se hiende en las encías.

Una bocanada caliente
se expande hacia dentro.

Un hijo
en el nido del cuervo.
La certeza de romper en plumas
hacia el interior de su pico.
Alarido que silencia,
por un momento,
la rotación del mundo.

¿Eres tú, en sus ojos?
La mano que sostengo
entre mis labios
de madre.

La tristeza de mis huesos

Los huesecillos, en fila,
como las teclas de un piano.
Entre mis dedos: su cuerpo famélico.

Rozando el aire, murmuré:
te esconderé aquí,
y mi párpado
se cerró como un nicho.

A veces siento su pico,
lento, meticuloso,
sorbiendo la tristeza de mis huesos.
Por eso no lloro.
Su sed me exige estar triste,
como aquella noche
en que fingí morir
para evitarlo.

Cuando mi cuerpo queda inmóvil,
siento su pancita ensancharse
en el abrigo del silencio.

Desde que anida aquí,
intuyo la herida
antes de que llegue:
un rumor de plumas
erizándome la garganta.

A veces las escupo
cuando me sonríe la hipocresía.

Y vuelo,
como quien llega tarde
a su propio entierro.

En el regreso pienso:
¿qué sería de mí
si unas manos gigantes me recogieran?
¿En qué rincón me escondería?

A veces,
esas manos pesan.
Las imagino aplastándome,
como una sombra contra el suelo,
sin voluntad.

Entonces me pregunto:
¿qué sería de mi tristeza?
¿De qué se alimentaría este pájaro?

Girasoles

Anotemos las coordenadas del polvo.
Piel expandida sobre
un suelo ceniciento,
núcleo de un esqueleto indivisible.

Recordemos su transcurso:
la carne templada
de un rostro imaginario
bajo el tejido terroso.

Abrámonos en boca
hacia el oráculo
—ojos reflejados
bajo el temblor de las raíces—.

Quizá, algún día, resurjas
con la firmeza de un castaño,
y libélulas sobrevuelen
tus ramas semiabiertas.

Seremos, a tu alrededor,
cuerpos curvados
en guadaña
de girasoles.

II. UNA PLUMA HENDIDA BAJO LA PIEL

Déjame entrar, por última vez, en los labios sostenidos sobre la curvatura del cuervo. Habitar los recuerdos donde aún soy hija, cuando el fuego aún no ha desfigurado estos ojos donde todavía me reflejo. Quiero mirar hacia el narciso. Sumergirme. Fango lento que respira entre tus costillas. Déjame reposar bajo el ala tibia de tu memoria, hasta que las hormigas extravíen su destino entre nuestros cuerpos.

Orillas contrapuestas

Soy él repitiéndose,
soy él que vuelve.
Cara detenida de mi padre
bajo la piel,
sobre los huesos de mi cara.

José Manuel Arango

Ahora que recojo tu mano
y estiro, con cuidado, los dedos,
tu mano queda así: abierta
como las hojas de un olivo.

Soy yo, te digo,
mientras me palpo con tus yemas
los párpados.
¿Recuerdas?

Sé que nos verás llorar,
que abrazaremos, sin aliento,
esta vieja maleta
que ahora nos dejas sobre la cama.

¿Y después de arder?
Las cenizas
y un pequeño frasco,

aún caliente,
entre las manos.

Eso es todo:
tu mano invisible
sobre mis párpados,
así, por siempre,
en orillas contrapuestas.

Vaga la vida

Vaga la vida tan ligera
por la tierra sin su carne:
pluma que aún se mece
a ras del suelo.

Soy
el padre viviente en el interior
de sus tejidos,
olmo encorvado
hacia la quietud del estanque.

Los graznidos de un cuervo,
con su fúnebre cavatina.
Junto al cuerpo recostado,
soy
ardentía que reverbera,
fosfórica
sobre su lengua de acero.

Mientras la madera arde,
aún somos posible.

Hacia la llaga

Persistir ahí,
en el tacto de los labios
sobre el hueso fijo y estrellado
presintiendo el frío
del último beso.

Medir la distancia
en la boca apartada,
sentir la piedad de la orfandad
en el desarraigo
de su bostezo.

Y aguardar,
con el anhelo suspendido
sobre el temblor de la superficie:
que sus ojos regresen hacia la llaga,
que mi vientre sea su reflejo.

El momento previo

Tus ojos se abrieron hacia el anzuelo:
fina piel
entre las uñas de mis hermanas.

El inicio de algo ajeno,
que no abrazaba el hueso.

Te desprendiste
en la última bocanada,
cuerpo sin mácula,
imagen ennegrecida
bajo el revelador.

Desde arriba
parecemos insectos aferrados
a una resbaladiza mortaja.

Busco aquel instante previo:
tu corazón aún sin aliento,
implorando vida.

El espacio exacto
entre tus dientes,
una nébula
por donde también
desaparezco.

Umbral

Entre tus ojos y los míos
se proyectan siluetas: facciones, manos,
ojos vaporosos que sobrevuelan
la habitación.

Tus pupilas ya dibujan el camino.
Y tu lánguida mano,
a la que me aferro como un pez
con el lomo ardiendo,
se quedará.

Siento la mordida.
Tu cuerpo, reclamado
por los picos hambrientos
de una memoria ancestral.
Pían tus muertos.

Pero aún, tu mano.
Con eso me basta.

Aunque ya sea tu sombra
a través del umbral,
hacia los brazos
de tu padre
y de tu madre.

Y sea tarde
para regresar
de este bosque en llamas.

Grietas

Entonces, su pico reseco ofrecía
un lenguaje mudo,
oscuro y primitivo,
que aún no sabíamos descifrar.

Un último movimiento
en los ojos:
rasguño previo a la escritura
que augura
la carencia de su matiz.

Hay un pájaro muerto
en nuestro regazo, les digo.
Una pluma, hendida bajo la piel:
grieta que succiona nuestras tripas
con su último aleteo.

Imposible rescate

Cómo evitar su reflejo,
la sonrisa que antecede a la sombra,
punta recién afilada
de un viejo pincel.

Cómo sanar las raíces
que sobresalen de las sábanas,
mientras su rostro, impasible,
se abre paso por tu denso verdín.

Cómo recuperar la vida
que se te queda pequeña,
encogiendo tu cuerpo
como un embrión.

Cómo borrar el rostro,
aun cuando agito este negro lago
por donde su desfigurado reflejo
reaparece, una y otra vez.

Cómo podré olvidar tus ojos
que ya descienden por su vientre,
tus ojos, que yo misma cerré.

Esbozo

Busco tu silueta
en otro espacio,
otro tiempo,
como si la huella de tu gesto
reapareciera
con la primera hilera de insectos.

Soneto-estuario

Con sus yemas azules, esta ausencia
me desmiga así la palabra *padre*:
frágil cuerpo que abarca en el encuadre,
la efímera huella de su existencia.

Entre los dientes palpo su presencia.
Torna el rostro, sin piedad, la caladre.
Duerme tranquilo, ahora que me aladre
la fina guadaña con su frecuencia.

No existe carne que sacie el vacío,
ni puertas provistas de mil cerrojos.
Queda el surco inevitable de un río.

Y se lo llevó, libre de despojos,
besando su piel, herida de frío.
Me aspiró el alma a través de sus ojos.

Haikus para el tránsito

I.
Una última
quietud en tus ojos:
me quedo afuera.

II.
Se abre el costado
entre lentas costuras
de un fuego sin voz.

III.
Tu cuerpo de humo
asciende por el vientre
azul de un ave.

IV.
En su latido,
la luz guarda su forma
en el contorno.

V.
Queda el polvo:
fértil en la oquedad
de la hija.

Voy a humedecer tus labios por última vez

Ven.
Levántate.
Aunque el salitre aún
te recubra las piernas.

Quita de tu mano el catéter,
la mascarilla.

No importa.
Gírate.
El verano ya ha abierto
su zanja: caminemos,
sin decir nada.

Desplaza las paredes
como si fueran niebla.
Sigue el trino,
el pequeño gorgojeo
del paisaje.

Con temor, te llevo,
como si fuera
el primer día de colegio.

No pienses ya
en las uñas endurecidas
o en la delgadez
de tu cuerpo.

Solo puedo acompañarte
hasta aquí.
Algún día,
serás tú
quien sostenga mi mano.
Y quedará esta máscara,
abierta en plumas,
como un viejo cascarón.

El ritual

Junto a los huesos del ave
invoco su nombre,
las rígidas y arqueadas piernas,
el frío cuello
que sin retorno desciende.

Invoco la piel
bajo las oblicuas ramas,
la carne aún caliente
de la memoria.

A ti,
que recreces la orfandad
sobre la grieta,
incapaz de sostener
tanto rostro dividido.

29 de julio

La vitrina fragmenta el espacio:
flores en círculo decoran
el cuerpo deshabitado.

—Los rostros llegan—.
Mi pájaro yace en el frío:
postura fetal,
plumas y pico reverdecen.

Los ojos serpentean
sobre el lomo de la procesionaria.
Se esparcen: paredes, sillas, suelo,
boca,
bola gigante de pelo
en la garganta.

Tú,
que debes permanecer ahí adentro
—pequeño, impasible, irrevocable—,
hazme un hueco en tus entrañas,
antes de confundirnos en humo espeso,
mariposa muerta,
que derrama en silencio
tu nombre.

Lo que aún tiembla

Como la arena
o la sal,
filtrándose entre sus labios terrosos.
Te esparces,
hacia el montículo en sombra.

Dormido,
como la nota aguda
que ya no resuena,
suspendido sobre la coda,
entre la hojarasca.

Y la raíz,
que se abre paso
como si aún pudiera
salvarte del polvo,
—huesos, músculos,
la piel aún tibia—.

Lo que es ya polvo,
lo que aún tiembla
por debajo del polvo.

Cristales

Ahora que la casa reverbera con su luz
estas cicatrices,
un rostro sobresale
decrépito y descarnado
bajo la fina piel.

Dime, ¿eres tú
quien habita entre
las costillas del bosque?
Porque esa luz
ha bañado con tu sangre
mis ventanas.

¿O soy yo,
en vuelo tras de ti
rompiendo los cristales?
Porque aquí solo vienen a morir
las aves
contra mi vientre.

Coordenadas

Cavar,
hasta que la tierra
ofrezca el hueso.

Depositar en su oquedad
la efigie ceniza.
Descender hacia la profundidad
del vientre la silueta arcillosa,
contener la clavícula.

Quizá esta sea la maniobra
más difícil:
recordar las coordenadas
que ahora te contienen.

Mi cadáver

Ahí quedó mi cadáver,
como si este vaho no me expandiera
la piel hacia las manos
que evadieron el auxilio.

Quedó ahí,
sobre sábanas cuyo color ya no recuerdo.

En su boca de noviembre,
durante tanto tiempo,
esparcido bajo la lluvia,
aplanado bajo las botas
de aquel niño
que no hizo caso a su madre.

Se descompuso.

Aun cuando cambiaron las sábanas
y los muebles,
y la calle de lugar.

Decorado como enredaderas
que trepan las contraventanas,
o como las flores de plástico
en los jarrones chinos.

Sin embargo, este espejo
me refleja cada día
en sus ojos,
como si en este espacio

aún conservara
un último aliento.

Expandida la piel,
se acerca al cristal
y exhala.

Mapas

Perforó estrellas en sus lóbulos calientes,
atravesó con alfileres
los extremos de sus dedos,
hendió la punta del compás
hasta que la inicial
se abrió paso entre los surcos de sangre.

Cuando la costra recubría su piel,
afilaba sus uñas
y arrancaba la corteza
igual que los mechones
que de vez en cuando
anidaban en su garganta.

Aquella niña conformó mapas
con sus heridas:
países que durante años
menstruaron.

Sin embargo,
nunca pudo tocar con sus dedos
las costillas,
saber
si su corazón
tenía el mismo tamaño
que un pájaro.

Destino irrevocable

Soy el diente podrido
que aún resiste,
destino irrevocable
de la cigüeña enferma.

Los dedos afilados
que me hurgan la matriz,
fósforo imposible
que me prende con su llama.

No digas
que este atardecer
no nos desvanece
hacia el mismo surco:
cáscara abierta
contra el filo del vidrio;
contorno aún caliente,
vertido sobre el lienzo.

Debe haber en este cuerpo
otros vértices más fuertes
que contengan tu rostro,
siempre líquido.

Reflejo

He visto cómo desciende la lágrima
por la piel cuarteada de los viejos.

Cómo pasa de puntillas la infancia,
sin más canto ni vuelo
que este frío pájaro
atravesado en la garganta.

Cómo recorre la sangre,
discreta, sin hacer ruido,
la piel aún caliente
de otro tiempo.

He visto a una niña
en el interior
de este afilado espejo.

Sé que me refleja:
lleva una mujer triste
atravesada en la garganta.

Despertenecer

El amor también era eso:
asimilar el cuerpo rígido,
la mandíbula semiabierta
ocultando el aire
bajo su quietud.

Recoger el fruto maduro,
evitar los gusanos,
cavar entre raíces
la semilla que germina.

Compartir embriones.

¿Quién habitará
mi vientre encendido?
¿Quién brotará
desde la tierra humedecida?

Imaginem mortis

Como cada noche,
los dedos atraviesan
la piel reblandecida.

Separo los músculos
remuevo una y otra vez,
hasta sentir el filo
de alguna letra desvanecerse.

Miro
cada herida abierta
con ojos de madre,
cirujana
y costurera.

Abro la caja de galletas
—enhebro con la aguja—
y vuelvo a oírte,
como el canto de un mirlo
desde el estómago
de cualquier bestia.

Lo he intentado, lo juro,
pero siempre termino
con las manos llenas de sangre.

No soy capaz
de recuperar tu nombre,
de abrirme otra vez

sin llenar esta úlcera
con migas de pan
y leche.

Inmarcesible

La madeja de lana
se desprende hacia el suelo
y enhebra con su extremo
un contorno imposible
por debajo de la manta.

Averiguo que sonríe
—va y viene—
como si el cuerpo aún albergase
en su quietud salvaje
la certeza de haber sido
vaivén o plegaria.

Me resisto *aquí*
en los ojos cansados
de tanto cobijar
una tristeza primitiva.

O allá donde tu silueta,
desarticulada, asiente.

Oigo las gotas caer
bajo el sol inmarcesible.

La mar rota

Tú querías la herida,
la mirada viva
bajo los párpados
aún calientes del muerto.

No entendiste
que mi carne es mar abierta,
océano infinito
inconquistable.

Tú, que hendiste con tus dedos
más allá del verso,
jamás me tocaste.

Pero ellas vinieron:
piedras en los bolsillos,
lámpara que desciende
bajo la mano nodriza.

Tú, que quisiste la herida,
tan solo tuviste un trocito
de la mar rota:
historia donde ahora descansan
los huesos de las aves.

Insalvable

Tal vez fue
la primera decepción de la niña:
habitar un pedazo de muerte,
sin pronunciarse.

Desamar el cuerpo
recién levantado,
desocupar la casa,
perforar la cicatriz.

(*Descomponerse
en la mirada del otro*).

Porque morir significa
desaparecer.

Tal vez ese fue mi aprendizaje:
no retener lo insalvable,
transcribir los silencios,
soldar las grietas,
inútilmente.

En definitiva,
no asumir la fecha de caducidad
ni hacia dónde me llevaban
las nervaduras de sus manos.

Están todavía

Así
podríamos nosotros señalar las cosas
cuando están todavía: con la misma suerte
con la que habita la carcoma
un mueble que ha desguazado
inquietamente.

Pol Guasch

Quizá ahora no pienses en los gusanos
que se deslizan por los orificios
en busca del hueso,
ni en la silueta que se deshace,
mientras la carcoma sigue su curso.

Nadie te habló sobre las oquedades
en los árboles, en la carne,
en las encías.
Nunca hubo un momento a salvo.

Todo cuanto pasó
bajo sus dientes
se desprende como un capullo de seda.
Y en esa belleza fugaz,
las cosas aún persisten:
como el destello
que la mariposa vislumbra
por última vez,
o el plato
que un día ocupó
su lugar sobre la mesa.

Están
todavía.

Vuela, papá, vuela…

Deja correr
la polvorienta cortina.
Camina entre los asientos vacíos,
hacia la luz del proyector.

Ahí donde el corazón del pájaro
golpeó la puerta.

Vuela, papá,
lejos de la pesadez de nuestros cuerpos
sobre ti.

Las gaviotas nos ofrecerán
un último espectáculo.

Extiende tus alas.

Aunque nos arda la casa,
y *hogar* sea solo
la cometa entre los dientes
de un perro.

El fruto se soltó de la rama
y anunció lo exiguo del destino.

Al final,
la cavidad de un álamo
para tus alas.

III. LA SOMBRA DEL VUELO

Me esforzaba en capturar la sombra de tu vuelo, bajo la geometría de un sol abrasador. Como la garganta donde aguardó tu cuerpo encogido, presintiendo la llama. En la humareda que ascendía, dibujando extrañas siluetas, descifré un último mensaje: (tal vez) las huellas de tu trayectoria. Después, el cielo se vació de ti. Como si cada elemento supiera qué ofrecer: la flor que se abre paso en el asfalto o la belleza que se curva en el borde de una hoja caduca.

No hubo más luz.

El insecto aún flota en la superficie de la alberca, petrificado y ofélico.

La Parca recibió su alimento. Te tragó como una pastilla.

Solo ahí

Para que tú existas
con todos los músculos
adheridos a los huesos,
introduzco tus cenizas
en el interior de mi vientre.

Solo ahí eres posible:
musgo caliente,
detritus de hojarasca.

Sin cuerpo,
me desciendes,
como lava
recién parida.

Encontrarse

El contar del aire sobre la espiga
sobre la mano que mece la espiga
sobre la mano que hoy es mano
y mañana será espiga
sobre el pájaro que hoy es pájaro
y mañana será eco bajo la piedra.

Mónica Picorel

Se gira el ombligo
sobre la ceniza esparcida:
aquí adentro
está el rugido de tu nombre
—hueso y oquedad sangrante—.

En silencio,
me doblas el oído
hacia tu memoria.

Aquí yace el linaje
de estos dientes, dices,
como si estas palabras,
siempre repatriadas,
no nos tejieran la voz
entre sus ramas eclécticas.

Gravita la raíz:
principio o final
del verbo
encontrarse.

A salvo

No mires
cómo se agrieta la luna.

Permanece
quieto,
donde la boca del gusano
no pueda encontrarte.

Aférrate al vínculo,
a los ojos menguantes,
(*aúllame bajito*)
como si tu silencio
no me rompiera
por dentro.

Volvamos a ser
parte de la sangre.

¿Cómo cubrirte
de mí
ante el mundo?

Pájaro-cometa

La huella del tránsito: tú no la ves
porque mi sendero es demasiado
estrecho para habitarlo ambos.

Giovanna Cristina Vivinetto

Qué fuiste
antes de ser
la clara sombra que cobija
al diente de leche:
¿un ovillo diminuto
expandido entre ombligos?

La estría
que me atraviesa
con su encía
desnuda.

Qué eras:

¿Un pájaro-cometa?
¿El eco sumergido de mi latido?
¿La voz líquida
que surca los cráneos
de nuestros ancestros?

Tú,
que atravesaste todas las sombras
a través de *esta cicatriz*,
dime,

cómo no temer por tu vida,
cómo no imaginarnos
bajo la piel del musgo.

Llegará julio, padre

Llegará julio, padre,
con un hijo entre los brazos,
refugio donde ahora descanso
bajo la sombra
de las primeras canas.

Mientras el sudor serpentea y desciende,
y las rozaduras hieren los muslos,
el ridículo peluche
que mamá dejó sobre tu cama
también dolerá.

Si cierro los ojos aquí,
en este parque,
aún me enseñas a pedalear,
como si la vida entera
pendiera de este frágil equilibrio.

Y julio llegará,
despojando los domingos
del pollo con patatas.

Solo quedarán
las noches cálidas,
cuando los jóvenes se entregan
al sexo húmedo de la arena,
como larvas fervientes
que escarban
en el corazón podrido
de la fruta.

Haikus para la despedida

I.
Hierba mojada.
Seré madre del barro
que te sostiene.

II.
El nido tiembla.
Aun sin alas te abrazo,
sin velo, sueño.

III.
Bajo esta piel
el silencio enroscado
de la serpiente.

IV.
Déjame dormir
sobre las raíces que
callan tu nombre.

V.
Gestar los rostros
que cruzan por la bruma
con su antigua luz.

La sonrisa

He aquí la metamorfosis del cuerpo:
mirada ausente llevada al polvo,
curva abultada
que se reclina ante ti.

Dime,
qué soy en este momento:
la huérfana
o la futura madre
que algún día yacerá entre sus manos.

Porque las raíces que ahora te contienen
son las mismas
que humedecerán su rostro de vida.

La noria

Quizás tú,
aquí adentro,
puedas abrir esa puerta.

Verás
una vieja estación,
una sonrisa apenas,
que persigue la mirada
mientras se aleja.

Y la lágrima:
un río sin recuerdos
descansa
junto a un álamo.

Verás que, a veces,
el silencio
lo dice todo,
lo grita todo,
lo rompe.

Entre mis manos
se agazapaba;
no quería volar.
Yo insistía.
No quería.
¿Y los animales?
Los que desaparecieron
sin dejar rastro.

Quizás aún habiten
entre las hojas,
como huevos diminutos.

Y al fin,
las mariposas:
el aliento de la muerte
batiendo sus alas.

Quizás veas
la misma tristeza:
él,
bajo la noria.
Yo,
girando despacio.

No toques nada.
Los animales no volverán.
Su vuelo quedó atrapado
en otra habitación.

Tras la puerta,
ella jugaba con la muerte

una y otra vez,
pero los dos sabíamos:
siempre eligió llorar
antes que morir.

Te mostraré

Te mostraré
dónde se apaga
lo no vivido,
lo perdido,
eso inexistente, deshuesado.

Allí habita
el sueño sin soñador,
la boca sin beso,
la mirada que cae lenta
al pulmón de la tierra.

Te mostraré cómo,
aun así,
los atardeceres son los más bellos,
como si toda ausencia
fuera la sombra
de lo eterno.

Es en esta carencia
—nítida, inmensa—
donde, siempre,
a contraluz,
me descubro
tan llena de vida.

Aún se mecía

Desangrada en vosotras
—no nacidas—
redes del más aquí y el más allá,
mediaslunas,
peces descarnados,
pájaros sin alas,
serpientes desvertebradas…

Alfonsina Storni

Anoche soñé
que la mar mecía mi barca
con sus lánguidas manos,
y que una voz antigua
me estiraba el alma
de entre los dientes.

Soñé que, en algún lugar del mundo,
mi cuerpo se contraía
hacia la profunda matriz,
y que las manos se me abrían
en oscuro linaje:
sin descanso, cavaban
mi lugar en la tierra.

Entonces pensé en las otras manos,
las que me precedieron,
azules y ondeantes
a través de este denso manto
denso y sin vida.

Soñé que todas ellas
se abrían de par en par,
ofreciendo la misma planicie
húmeda y terrosa.

Eso es todo.

Cuando desperté,
la barca aún se mecía.

Germinación

Llamas,
con tu vida,
a mi vientre.

Me recreces por dentro,
desplazando los órganos,
lentamente,
como una semilla
ansiosa de oxígeno y luz.

Vida
dentro de la vida.
Silenciosa,
tras la sonrisa que germina
desde la carencia.

Mi cuerpo,
transmutado,
traga la voz del padre
—quebrada,
hundida en el pozo
donde te cobijas.

Pececillo
dormido

en este infinito mar
a oscuras.

Nos adentramos
hacia el mismo bosque.

Mi cuerpo será
tu fragmento.
Ya no será mío,
sino ofrenda
que gritaré al mundo,
con el desgarro
de sus dientes en los míos.

Esta herida dormitará bajo tus encías.

Y cuando llegue el momento,
querido hijo,
cierra mis ojos
como un día cerré los suyos.
Apoya tu oído.
Recibe el latido
como ahora tus pies
deforman mi piel
cuando empujan.

Recoge, entonces,
mis manos.
Déjame acurrucarme
en silencio,
atravesando tu sollozo,
en paz.

Regresa a las raíces
que guardan estas cenizas.

Visítanos,
de vez en cuando.
Abraza este árbol
como un día te aferraste
a mi pecho.
Muéstranos los hijos
que llevan en el cielo de sus ojos
las raíces de este bosque.

Déjame sentirte.
Como quien busca
refugio
en una tormenta
que no le pertenece.

O hasta que nos volvamos a ver

Tras el cristal,
se rompe el invierno,
con la misma tristeza
que mis dedos
sobre tus costillas.

Voy a dormir aquí, te digo,
hasta que nos quiten
los dientes
o hasta que el rostro
se esparza
bajo las hebras del viento.

La certeza de haberte ya amado antes

Entre los dedos, padre,
me acarician las algas.
Las bailo, removiendo
la densidad del lodo.

Siento tus labios —ya dormidos—
sobre mi frente:
un escalofrío de vida
que me abre el cuerpo.

Tú me esperas
detrás de sus ojos,
con la sonrisa abierta;
me ofreces su aliento.

Dejé caer la placenta:
fruto entregado hacia la carne,
regresé a la raíz,
a la tierra que te asimila.

Algo crece de nuevo,
cíclico, entre mis manos:
una savia anudada,
traza persistente la memoria,
aunque nos queme.

Por todas las vidas
en las que te amé,
me sostienes aquí:
en el segundo rostro

que me asciende,
mientras tu vuelo
se inclina hacia la herida.

Su corazón de pájaro,
puro, es ofrenda
que ahora dejas caer
sobre mi vientre:
como lombriz
al pico hambriento
de un diálogo sin fin.

Entre los dedos, padre,
me acarician las algas.
Y tengo la certeza
de proseguirte,
aunque tu muerte
siempre reverdezca,
aunque nos queme.
Siempre.

La pequeña herida del aire

Se lo contó a través de la fábula:
replegando sus alas
hacia el horizonte.

Allá...
donde mueren las niñas
que se convierten en pájaro.
O aquí...
donde los pájaros
nunca besan
a las niñas.

Hacia adentro

Así es como ella lo soluciona:
extiende mi alma con su aliento,
desteje, una y otra vez,
el inicio:
ventanas abiertas
que me tensan el ombligo.

Hacia adentro, me dices,
con tus labios entre las costillas,
sujetando la mano
                de cada hombre
                                que me desciende.

Así es como aprendí
a reconocer tu sombra:
intermitencia de aquello
que no desea ser habitable.

Como me enseñó a olvidar mi abuela,
con la misma hebra del linaje.
Juntas lo hendimos
hacia los extremos de la herida
y estiramos, a la vez,
hasta girarnos la luna
con los ojos.

La respuesta

Bajo mis ojos
hay demasiados ojos,
voces profundas
ancladas en el estómago.

Un transcurso prolongado, constante,
me consagra
a través de los siglos.

Tengo la sensación
de llegar siempre tarde,
de cargar con todas las muertes
en un mismo esqueleto.

Espero algo
que quizás no llegue:
un retorno
hacia el origen olvidado.

Las manos extendidas
sobre tantas otras,
reflejos que se repiten
en cuerpos ajenos,
como un caleidoscopio:
mi alma rota gira.

¿Y si la respuesta
siempre estuvo en la piel,
en cómo trasladamos la tristeza
de un cuerpo a otro?

Como la serpiente
que deja su rastro ondulante
en la arena,
nosotros,
meros surcos en la tierra,
quizás no seamos más
que la piel vieja,
la constante efervescencia
de un cuerpo oxidado.

Aquí resisto

Aquellas manos
—quizá las mías—
cavaron hasta que cedió la raíz.

Bajo la tierra,
un silencio lacrimoso se abría:
hueco húmedo,
hilera de páramos
que un día, sin saberlo,
sostendrían tu nombre.

La fisura
quieta, intacta,
aún sin cerrar,
se recuesta sobre la espalda,
como un manto
bordado por el otoño.

El bosque se inclina
hacia la silueta gestante.
Se entrega
al niño
que acaba de perder a su padre.

Porque un padre
que arde bajo el sol
no desaparece:
entra por la lengua,
como un murmullo
que aún se balancea

a contraluz.
Una voz
—quizá también la mía—
me susurra:
de este dolor
brotarán madreselvas.
Me pide, como ofrenda,
la pulpa desprendida,
huella ramificada
de su piel.

Yo me convertí en pájara.
Los ojos de mi hijo
me volvieron aire.
Abandoné el cuerpo:
vientre abierto,
cicatriz viva.

Pájara madre
en busca de su padre.

Siempre,
hacia el mismo bosque:
ceniza,
carne,
hueso.

Pequeña pájara
entre los labios del viento.
Aquí resisto.
Bajo la quemadura del sol.

Hay un viento ligero, un movimiento
silencioso de hojas y ramas.
Como algo desconocido
y en suspenso. Más allá.
Como una luz
sesgada y quieta. Lo verde
que hiere o acaricia. Brisa
verde. Y si yo hubiera muerto
eso sería también así.

Olvido García Valdés

Índice

PRÓLOGO 11

I. EL DESPRENDIMIENTO DEL PÁJARO 19
Prólogo nocturno 21
Infancia 22
Qué hay dentro 23
Ignífuga 25
De noche 26
Haikus para el presagio 27
Musgo 28
El bosque 29
Sibila oquedad 30
Alumbramiento 32
Nenúfares 33
Un blanco océano 34
Arcano líquido 35
El nido del cuervo 36
La tristeza de mis huesos 37
Girasoles 39

II. UNA PLUMA HENDIDA BAJO LA PIEL 41
Orillas contrapuestas 43
Vaga la vida 45
Hacia la llaga 46
El momento previo 47
Umbral 48
Grietas 49
Imposible rescate 50
Esbozo 51
Soneto-estuario 52

Haikus para el tránsito 53
Voy a humedecer tus labios por última vez 54
El ritual 56
29 de julio 57
Lo que aún tiembla 58
Cristales 59
Coordenadas 60
Mi cadáver 61
Mapas 63
Destino irrevocable 64
Reflejo 65
Despertenecer 66
Imaginem mortis 67
Inmarcesible 69
La mar rota 70
Insalvable 71
Están todavía 72
Vuela, papá, vuela… 74

III. LA SOMBRA DEL VUELO 75
Solo ahí 77
Encontrarse 78
A salvo 79
Pájaro-cometa 80
Llegará julio, padre 82
Haikus para la despedida 83
La sonrisa 84
La noria 85
Te mostraré 87
Aún se mecía 88
Germinación 90
O hasta que nos volvamos a ver 93

La certeza de haberte ya amado antes 94
La pequeña herida del aire 96
Hacia adentro 97
La respuesta 98
Aquí resisto 100

Este libro se terminó de editar en Granada
en julio de 2025 por

Aliarediciones

www.aliarediciones.es
info@aliarediciones.es